sylvain le dauphin
marguerite la vache
carla la koala
gédéon le dragon
er le hamster
kalou le kangourou
rémi la pie
lucien le chien
ssi la chauve-souris
athos le rhinocéros
max le chat
cyril la chenille
firmin le pingouin

Tortillon le limaçon

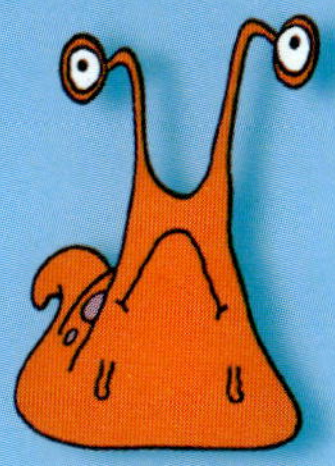

Comité de direction : Bernard Canetti (directeur de la publication)
Marie-Françoise Kerhuel (conseiller à la rédaction)
Gérard Worms (conseiller à la rédaction)

Loi n°49-256 du 16 juillet 1949 sur les publications destinées à la jeunesse.
Edité par EDITIONS ATLAS, SAS au capital de 15 millions d'euros
1186 rue de Cocherel, 27000 Evreux
Imprimé en Chine
ISBN : 2-7312-2663-3
Dépôt légal : mai 2003

EDITIONS ATLAS
Jeunesse

Les ANIMAUX RIGOLOS

Tortillon le limaçon

Trevor Ricketts

Tous les matins
À sept heures,
Drelin drelin !
Debout le dormeur !

Tortillon sort de son lit,
Puis il met ses habits.
Lorsqu'il a terminé,
La journée est passée !

« Eh bien, ma foi,
Je n'ai pas le choix ! »
Il enfile son pyjama
Et retourne sous les draps.

Allongé à côté
De son ours adoré,
Tortillon s'endort…
Et c'est déjà l'aurore !

Tortillon se traîne
Avec une lenteur extrême.
Il est le plus mollasson
De tous les limaçons !

L'histoire s'arrêterait là
S'il n'y avait pas
Le petit rat Gaston,
Ami de Tortillon.

Car Gaston a la solution
Pour que notre limaçon
Quitte enfin son lit :
Une invention de génie.

Enfermé chez lui
Avec d'autres ratons,
Il construit jour et nuit
Un engin de propulsion.

La machine est prête !
Voilà Tortillon installé,
Casqué, bien attaché.
« Je vais foncer, chouette ! »

« Attention ! crie Gaston
En appuyant sur le bouton.
Grâce au propulseur,
Finie la lenteur ! »

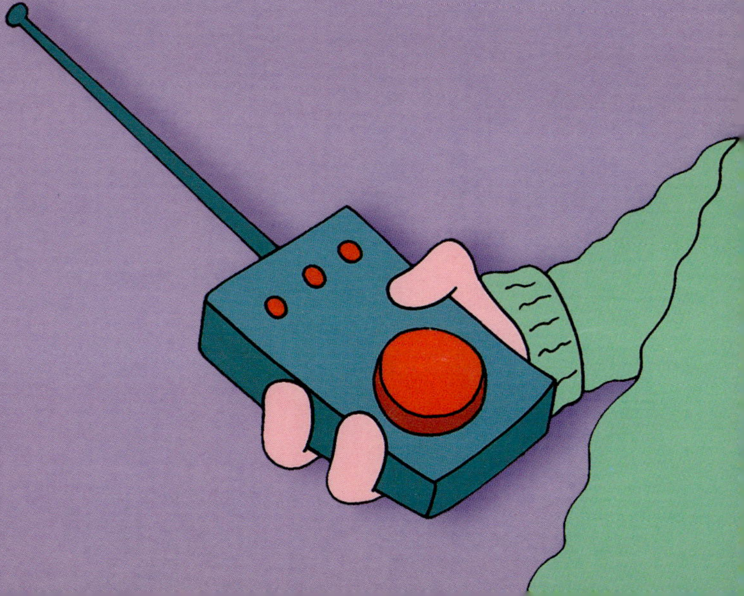

Boum ! Une explosion
Renverse les ratons.
Une épaisse fumée
Les fait tousser.

Quand l'air s'éclaircit,
Ils sont horrifiés :
Tortillon n'a laissé
Qu'une trace roussie...

« Jamais nous ne reverrons
Tortillon le limaçon… »
Les rats se sentent coupables
De l'accident épouvantable.

Gaston est torturé
Par les remords.
« Ce propulseur,
Quelle horrible idée ! »

Un an plus tard,
Par un beau soir,
Une étoile filante atterrit
Au milieu de la prairie.

Les rats se précipitent.
« Une météorite ? »
Mais non ! Stupeur !
C'est le propulseur !

Et voici,
Tombée du ciel,
Une carte remplie
De bonnes nouvelles !

« Bonjour Gaston !
A écrit Tortillon.
Je mène une vie sans souci
Dans un lointain pays. »

«Ta fusée m'a propulsé
Très haut dans les airs
Et j'ai découvert
La planète rêvée ! »

«Tous ses habitants
Sont extrêmement lents,
Tranquilles et baveux,
Et je rampe comme eux.

Cet été, j'ai épousé
Une limace adorable.
La noce a duré…
Un mois. Formidable ! »

« Pas besoin de propulseur,
Ici, je garde ma lenteur.
Un jour, mon ami,
Nous viendrons, promis.

Il faut être patient !
En attendant,
Sors tes jumelles
Et observe le ciel… »

« Les nuits d’hiver,
Sous l’étoile polaire,
Tu verras sûrement
Un curieux point brillant.

C’est ma petite planète,
Toute gluante et verte !
Elle s’appelle Globulon.
Bisous. Tortillon. »

Fin

mathieu le paresseux
serpentin le serpent
martha l'oie
lulu la tortue
hippolyte l'
odile le crocodile
petitjean l'éléphant
babette l'abeille
horace le rat
edmond le pigeon
grégoire la grenouille
gérard le guépard
sach